»Jane Austen ist neben Joanne K. Rowling die erfolgreichste, bekannteste und beliebteste Schriftstellerin der Welt. Beide Autorinnen brachten es zu Weltruhm. Sie haben Bücher geschaffen, die zu den lesbarsten und lesenswertesten überhaupt gehören.

Jane Austen ist Kult. Die sechs Romane, die ihr Hauptwerk bilden, *Verstand und Gefühl*, *Die Abtei von Northanger*, *Stolz und Vorurteil*, *Mansfield Park*, *Emma* und *Anne Elliot*, verkaufen sich weltweit in millionenfachen Auflagen. Die lange Reihe von Verfilmungen ihrer Romane zeugt von ihrer ungeheuren Beliebtheit.« (Felicitas von Lovenberg)

Felicitas von Lovenberg zeigt nicht nur, wie aus einer zu Lebzeiten wenig bekannten Autorin eine der populärsten Schriftstellerinnen der Welt werden konnte. Sie entwirft auch ein lebendiges Porträt einer Frau, die, ihrer Zeit weit voraus, das Recht auf freie Partnerwahl für sich beanspruchte und deren Leben von Romantik und Leidenschaft bestimmt war.

Felicitas von Lovenberg ist seit 1998 Feuilleton-Redakteurin bei der Frankfurter Allgemeinen Zeitung. Im Jahr 2003 erhielt sie den Alfred-Kerr-Preis für Literaturkritik; 2005 veröffentlichte sie das Buch *Verliebe dich oft, verlobe dich selten, heirate nie*. Im insel taschenbuch erschien von ihr herausgegeben u.a. Jane Austen, *Über die Liebe* (it 3261).

insel taschenbuch 3299
Felicitas von Lovenberg
Jane Austen

Felicitas von Lovenberg

JANE AUSTEN

Ein Porträt

Mit zahlreichen Abbildungen

Insel Verlag

Abb. S. 4: Jane Austen. Stahlstich
in James Edward Austen-Leighs Memoir (1870)

Für T. H.

2. Auflage 2024

insel taschenbuch 3299
Originalausgabe
Erste Auflage 2007
© Insel Verlag Frankfurt am Main und Leipzig 2007
Alle Rechte vorbehalten, insbesondere das der Übersetzung,
des öffentlichen Vortrags sowie der Übertragung durch
Rundfunk und Fernsehen, auch einzelner Teile.
Kein Teil des Werkes darf in irgendeiner Form
(durch Fotografie, Mikrofilm oder andere Verfahren)
ohne schriftliche Genehmigung des Verlages
reproduziert oder unter Verwendung elektronischer Systeme
verarbeitet, vervielfältigt oder verbreitet werden.
Bildnachweise am Schluß des Bandes
Umschlag nach Entwürfen von Willy Fleckhaus
Druck: CPI books GmbH, Leck
Printed in Germany
ISBN 978-3-458-34999-0

www.insel-verlag.de

JANE AUSTEN

Jane Austen ist neben Joanne K. Rowling die erfolgreichste, bekannteste und beliebteste Schriftstellerin der Welt. Man könnte meinen, daß die beiden Autorinnen außer der britischen Nationalität nicht viel gemeinsam haben. Etwas viel Wesentlicheres jedoch verbindet die Altjungfer des Regency mit der ehemaligen Englischlehrerin: Beide entflohen schreibend ihrem Schicksal, die eine als unverheiratete Tochter eines verarmten Kirchenmanns, die andere als von der Sozialhilfe lebende alleinerziehende Mutter – und brachten es einzig und allein kraft ihrer Imagination, ihrer Wortmacht und ihres Geistes zu Weltruhm. Und: beide haben Bücher geschaffen, die zu den lesbarsten und lesenswertesten überhaupt gehören, mit einem hellwachen Sinn für Dramaturgie, Spannung und nicht zuletzt einer emotionalen Bindung des Lesers an die Charaktere. Joanne K. Rowling hat wiederholt erklärt, Jane Austen sei ihre Lieblingsautorin, sie sei »die Allergrößte«. Und umgekehrt gilt natürlich genauso: Würde Jane Austen heute schreiben, sie hätte *Harry Potter* gelesen – auch und gerade weil ihre eigenen Romane nicht durch die phantasievolle und ausgeklügelte Erschaffung eines unserer Realität entrückten magischen Universums bestechen, sondern im Gegenteil durch die Darstellung vertrauter Lebenswelten und die genaue Beobachtung romantischer Dilemmata, vor die sich jeder Mensch irgendwann gestellt sieht: Geld oder

Liebe? Schönheit oder Bildung und Intelligenz? Status oder Seelenverwandtschaft?

Ohne Übertreibung darf man jubeln: Jane Austen ist Kult. Die sechs Romane, die ihr Hauptwerk bilden, als da wären, in der Reihenfolge ihrer Entstehung, *Verstand und Gefühl* (*Sense and Sensibility*), *Die Abtei von Northanger* (*Northanger Abbey*), *Stolz und Vorurteil* (*Pride and Prejudice*), *Mansfield Park*, *Emma* und *Anne Elliot* (*Persuasion*), sind in den zwei Jahrhunderten seit ihrer Veröffentlichung niemals vergriffen gewesen, und allein in der englischsprachigen Welt verkaufen sich Jahr um Jahr mindestens eine Million Taschenbuchausgaben. Eine weitere Million wird jährlich in anderen Sprachen, etwa in Hindi aufgelegt.

Daß die Austen-Manie gerade in den letzten Jahren einen neuen Höhepunkt erreichen konnte, hat aber nicht nur mit der internationalen Anwendbarkeit der Autorin bei einer romantischen Hängepartie zu tun. Um zu verstehen, warum Austen heutigen Leserschaften so zusagt, ist es hilfreich, einen Blick zurück ins Regency zu werfen. Die Ära entfaltete sich in den Jahren 1811 bis 1820 vor dem Hintergrund der Empirekleider und Phaeton-Kutschen, John-Nash-Terrassen und Thomas-Hope-Interieurs, man deklamierte Byron, erlebte den Triumph von Napoleons Niederlage in Waterloo und diskutierte die außerehelichen Affären des Prinzen von Wales. Das Regency fand in Ballsälen und auf Schlachtfeldern statt und war unserer heutigen Zeit in vielerlei Hinsicht nicht unähnlich.

Das Pfarrhaus in Steventon, um 1814.
Zeichnung von Janes Nichte Anna Lefroy, geb. Austen

Geboren wurde Jane Austen am 16. Dezember 1775 in eine geordnetere Welt. Georg III. saß seit fünfzehn Jahren auf dem Thron und war, mit Ende Dreißig, ein stabiler und pflichtbewußter Monarch. Noch gab es keine Anzeichen für jene Verrücktheit, die 1811, im Jahr der Erstveröffentlichung von *Verstand und Gefühl*, dafür sorgen würde, daß der Prince of Wales, sein wenig beliebter Erbe, zum Prinzregenten ernannt werden und den Jahren seiner Regentschaft, eben dem Regency, den Namen geben würde. In Frankreich tobte derweil die frivole neue Königin Marie-Antoinette in Versailles ihre Launen aus, noch ohne ein Anzeichen von Revolution oder Mahnung zur Mäßigung seitens ihres Gatten Ludwig XVI. Wenige Monate zuvor, im Frühjahr 1775, hatte die erste Schlacht des amerikanischen Unabhängigkeitskrieges stattgefunden, aber bei Jane Austens Geburt galten die rebellischen Kolonisten noch als anständige Untergebene von König Georg. *Britannia ruled the waves*, ganz so, wie es das patriotische Lied von James Thomson, einem Lieblingsdichter der Austen, behauptete.

Sie war das siebte Kind und die zweite Tochter von George und Cassandra Austen, die sich im Pfarramt von Steventon in der Grafschaft Hampshire niedergelassen hatten. Schon als Kind war Jane bekannt für ihr sonniges Gemüt. Humor, Schlagfertigkeit und Geistesgegenwart waren im Hause Austen wichtige Tugenden; die Mutter wollte ihre Sprößlinge nicht nur zu »guten, liebenswürdigen und ausgeglichenen« Menschen mit einem natürlichen Gefühl für Recht und Unrecht erzie-

 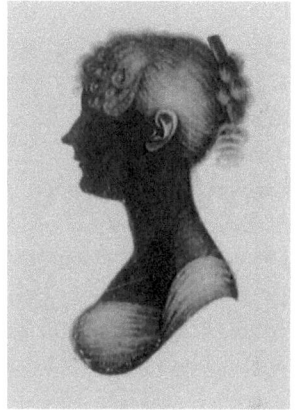

links: *Jane Austen (1775-1817), um 1801*
rechts: *Janes Schwester Cassandra Elizabeth Austen (1773-1845), um 1809.*

hen, sondern sah auch darauf, daß sie lebhafte und interessante Gesellschaft böten.

1792 erschien Mary Wollstonecrafts *Vindication of the Rights of Woman*. Da war Jane sechzehn und dürfte die aufsehenerregende Schrift mit größter Wahrscheinlichkeit auch gelesen haben. Doch anders als die radikale Autorin wollte sie keinesfalls die Nähte auftrennen, die die Gesellschaft zusammenhielten. Sie war eine große Ironikerin, doch keine Feministin vor ihrer Zeit. Für sie galt, was Mr. Bennet seiner Lieblingstochter Elizabeth mit auf den Weg gibt: »Ich weiß, du könntest nicht glücklich sein und keine Achtung vor dir selber haben, wenn du deinen Mann nicht aufrichtig verehrtest – wenn du nicht zu ihm aufsehen könntest. In einer ungleichen Ehe würden deine Gaben dich in die größte seelische Gefahr bringen.« Wie sehr sie diese Worte beherzigte, zeigte sich 1802, als ihr Harry Bigg-Wither, Bruder eines Freundes und ein in jeder Hinsicht geeigneter Kandidat, einen Heiratsantrag machte, den sie zunächst auch annahm. Über Nacht jedoch besann sie sich eines Besseren. Harry war sechs Jahre jünger als sie, und sie schätzte ihn, doch liebte ihn nicht. Am nächsten Morgen sagte sie ihm, sie habe ihre Meinung geändert. Es ist dies übrigens der einzig verbürgte Heiratsantrag ihres Lebens.

Eine andere Begegnung jedoch sollte ihr gesamtes weiteres Leben prägen – ihre Begegnung mit dem Iren Tom Lefroy, von dem schon ihre Biographin Carol Shields

Jane Austens frühe Liebe, Thomas Langlois Lefroy (1776-1869). Nach einer Miniatur von Engleheart

bemerkte: »Dies war der Funke, der die aufkeimende Empfindsamkeit Jane Austens entzündete und möglicherweise für immer bestimmte.« In der Weihnachtszeit des Jahres 1795 – Jane war gerade zwanzig Jahre alt geworden – besuchte Tom Lefroy Verwandte in der Gegend. Der junge Mann, der als gutaussehend und gewandt geschildert wird, war im Begriff, in London ein Studium der Rechtswissenschaften aufzunehmen; einen ersten Abschluß hatte er bereits in Dublin gemacht. Was wir über die Begegnungen zwischen Jane und Tom wissen, stammt aus Janes Briefen an die ältere Schwester Cassandra, von der sie unzertrennlich war. Cassandra war zu jener Zeit ihrerseits verlobt mit dem jungen Kirchenmann Tom Fowle, doch aufgrund seiner für eine Heirat nicht zufriedenstellenden Einkommenssituation hatte man die Hochzeit des Paares auf den Zeitpunkt seiner Rückkehr aus der Karibik festgelegt, wo er den Posten des Kaplans des britischen Regiments angenommen hatte. Jane schreibt ihrer Schwester immer wieder von ihrem »irischen Freund«, mit dem sie bei einem Ball den ganzen Abend verbracht hat – »stell Dir vor, alles höchst anstößig und schockierend in der Art des Tanzens und Zusammensitzens«. Zwar bemerkt sie süffisant, die Farbe von Tom Lefroys Cutaway sei deutlich »zu hell«, aber ihr Entzücken über den Mann, der in diesem Cut steckte, kann sie dennoch nicht verhehlen. Am auf den Ball folgenden Abend macht Tom Lefroy ihr im Haus ihrer Eltern, dem Pfarramt von Steventon, seine Aufwartung, und die beiden diskutieren, wie Jane ihrer

Jane Austen. Aquarell von Cassandra Austen, um 1802

Schwester berichtet, in höchst angeregter und unverblümter Weise *Tom Jones* von Henry Fielding. Dieser Roman hatte seit seiner Veröffentlichung 1749 wohlige Schauder und öffentliche Distanzierungserklärungen bei der britischen Leserschaft ausgelöst aufgrund seiner offenherzigen bis drastischen Beschreibung der sexuellen Abenteuer des Helden, und die Tatsache, daß die beiden jungen Leute sich ausführlich über ausgerechnet dieses Werk austauschten, deutet Carol Shields zufolge bereits auf ein sinnliches Auskundschaften des jeweils anderen, das über den Flirt hinausgeht. Jane wußte überdies, daß Tom bereits wegen seines offenkundigen Interesses an ihr aufgezogen wurde; dies mag sie in ihrer Zuversicht bestärkt haben, daß ein Heiratsantrag unmittelbar bevorstand: »Ich erwarte mit ziemlicher Sicherheit im Laufe des Abends einen Antrag von meinem Freund«, schrieb sie Cassandra vor dem nächsten Ball und fügte spitzbübisch hinzu: »Ich werde ihn natürlich ablehnen, es sei denn, er verspricht, sich von seinem allzu hellen Mantel zu trennen.« Doch nicht die Farbe des besagten Kleidungsstücks, sondern die gesellschaftlichen Erwartungen und Zwänge von Tom Lefroys Familie verhinderten die Verbindung. Die Familie rief Tom nach London zurück, bevor es zu einer Heirat mit der Tochter eines Pfarrers von kargem Einkommen kommen konnte. Tom Lefroy kehrte nach Abschluß seines Studiums nach Irland zurück, heiratete die Schwester eines Schulfreundes, Erbin eines beträchtlichen Vermögens, bekam mit ihr viele Kinder,

Chawton Cottage heute

Stuhl und Tisch, an dem Jane Austen zu schreiben pflegte

von denen das älteste Mädchen Jane hieß, und stieg schließlich zum irischen Oberrichter auf. Jane machte nach seiner Abreise keinen Hehl aus ihrem gebrochenen Herzen, weinte sich die Augen aus und sorgte in ihrer üblichen theatralischen Art dafür, daß Familie und Freunde sie trösteten. Doch ohne Zweifel war die Zurückweisung für sie wirklich höchst enttäuschend und demütigend, zumal sie ihre Hochzeitshoffnungen ihrer Schwester gegenüber bereits offengelegt hatte – die Entwürdigung, die sich zu dem Schmerz gesellt, als diese nicht eingelöst werden, schildert sie lebhaft in *Verstand und Gefühl*, als die jüngere Schwester Marianne sich um die Hand des angebeteten Willoughby betrogen sieht, womit die besonnene und zur Vorsicht gemahnende ältere Schwester Elinor in ihrer Einschätzung des flatterhaften jungen Mannes leider recht behält. »Von Marianne war bis zur Mittagszeit nichts zu sehen, als sie das Zimmer betrat und wortlos ihren Platz am Tisch einnahm. Ihre Augen waren rot und geschwollen, und es schien, als falle es ihr sogar jetzt noch schwer, die Tränen zurückzuhalten. Sie vermied die Blicke der anderen, konnte weder essen noch sprechen, und nach einer Weile, als ihre Mutter ihr mit zärtlichem Mitgefühl die Hand drückte, war sie mit ihrer geringen Standhaftigkeit gänzlich am Ende, sie brach in Tränen aus und verließ das Zimmer.« Jane Austen schildert Mariannes Schmerz mit solchem Mitgefühl und zugleich solch kühlem Sarkasmus, daß der Leser keinen Zweifel hat, daß sie hier über Empfindungen schreibt und spöt-

Titelseiten der Erstausgaben von Pride and Prejudice *(1813) und* Mansfield Park *(1814)*

telt, die sie selbst besser kannte, als ihr lieb war. Daß Tom Lefroy ein Auslöser für ein solches Wechselbad der Emotionen war, darf zumindest angenommen werden.

Dieser romantischen Episode in Jane Austens Leben widmet sich die bislang letzte in einer langen Reihe von Austen-Verfilmungen: *Geliebte Jane*, ein Kinoporträt der Schriftstellerin als junge Frau. Und womöglich ist dieser Film Jane Austens große Chance, endlich wieder als die Autorin wahrgenommen und geliebt zu werden, die sie ist: klug, eigensinnig, temperamentvoll und bei aller Parteinahme für die Liebe stets unerbittlich realistisch. Der von Julian Jarrold gedrehte Film mit Anne Hathaway in der Titelrolle stellt die Frage nach der wichtigsten Inspiration für Jane Austens Schreiben und führt das große Thema ihrer Bücher – weder überaus attraktives noch vermögendes Mädchen gewinnt Herz und Hand eines charakterlich wie gesellschaftlich begehrenswerten Mannes – auf eine prägende eigene Erfahrung der Autorin zurück.

Wenngleich die Ereignisse des Films – der Heiratsantrag, der anschließende Versuch, Toms Erbonkel in London für sich zu gewinnen, und der im Überschwang der Gefühle gefaßte Beschluß, gemeinsam durchzubrennen – biographisch nicht hundertprozentig zu rekonstruieren sind, so steckt in dieser dramatischen Geschichte doch der Wesenskern der jungen Jane Austen: *Stolz und Vorurteil*, ihr bekanntestes Buch, angewendet auf ihr eigenes Leben. Sie als Elizabeth Bennet, Tom Lefroy in der Rolle des Mr. Darcy. Statt im Buch Catherine de Bourgh

Der Verleger John Murray (1778-1843)

versucht im Film die miesepetrige und herablassende Lady Gresham Janes Glück zu sabotieren, und anstelle des schleimigen Mr. Collins bietet ihr der ernsthafte, doch eben ungeliebte Mr. Wisely eine Versorgungsehe an. In der Nebenhandlung strebt außerdem die französisch (also durch die Guillotine) verwitwete Cousine Eliza die – durch alle Äußerungen als leidenschaftlich glücklich verbürgte – Ehe mit Janes Bruder Henry Austen an, so wie Jane Bennet an der Seite von Darcys Freund Bingley selig wird. Es dürfte kaum einen Zuschauer geben, der nach dem Film *Geliebte Jane* nicht mit aufgewärmtem Interesse und sensibilisiert für die Herzensnöte, die sie hervorgebracht haben mögen, zu den Romanen Austens greift und die schicksalhaft diabolischen Irrungen und Wirrungen verfolgt, die darin Herz von Herz trennen.

Nehmen wir die Botschaft des Films ernst, so hat Jane Austen, im Wissen um die überragende Kraft der Materie über das Gefühl, auf die Verbindung mit dem Mann, den sie liebte, verzichtet. Das Dilemma ist ihren Leserinnen nicht fremd. Immer wieder stehen in Austens Büchern die Heldinnen vor der Entscheidung zwischen Neigung und Vernunft – doch entschließen sie sich meist nicht selbst und aus eigener Kraft gegen derart gefühlsbetonte, doch unkluge Verbindungen, sondern ein solcher Beschluß wird, ganz wie im Film, mehr oder minder für sie getroffen. Im Film findet Jane einen Brief der Mutter Toms, der unmißverständlich ausdrückt, wie abhängig die Eltern von Toms schmalem Einkom-

Erste Manuskriptseite des stark geänderten 10. Kapitels von Persuasion *(Anne Elliot)*

men sind. Aus Großmut und Altruismus verzichtet sie auf die Ehe – und im Bewußtsein, daß ein schlechtes Gewissen und konstante finanzielle Anspannung noch die innigste Liebe leicht zerstören können. Gleichgültig, ob es sich im »wahren Leben« (welches Leben wäre wahrer als das fiktive?) so oder so ähnlich abgespielt hat: Für ihr Werk hat sie die Lehre daraus konsequent gezogen. Marianne, die in *Verstand und Gefühl* ihr Herz auf Willoughby gesetzt hat, ist untröstlich, als er sich von ihr zurückzieht – die Erklärung, daß das Mädchen ohne Mitgift für ihn keine günstige Verbindung bedeutet, braucht er gar nicht abzugeben; sie liegt auf der Hand – ebenso wie die charakterliche Minderwertigkeit, die durch seine Wahl zutage tritt: »Eine Weile sann Elinor entrüstet und erstaunt darüber nach, las den Brief immer wieder, aber jede erneute Lektüre hatte nur die Steigerung ihres Abscheus vor dem Mann zur Folge, und ihre Gefühle ihm gegenüber waren so bitter, daß sie sich nicht zu sprechen getraute, um Marianne nicht noch tiefer zu verletzen, indem sie ihrer beider Entlobung nicht als Verlust von etwas möglicherweise Gutem, sondern als Rettung vor dem schlimmsten und unwiderruflichsten Übel hinstellte, nämlich vor der lebenslangen Verbindung mit einem gewissenlosen Menschen, als eine wirkliche Erlösung, einen wahren Segen.« Und Elizabeth Bennet, die in *Stolz und Vorurteil* zunächst dem geschmeidigen Oberst Wickham zugeneigt ist, wird ausgerechnet durch dessen Kontrahenten Mr. Darcy eines Besseren belehrt – und sieht

> In Memory of
> JANE AUSTEN,
> youngest daughter of the late
> Rev.ᵈ GEORGE AUSTEN,
> formerly Rector of Steventon in this County
> she departed this Life on the 18ᵗʰ of July 1817,
> aged 41, after a long illness supported with
> the patience and the hopes of a Christian.
>
> The benevolence of her heart,
> the sweetness of her temper, and
> the extraordinary endowments of her mind
> obtained the regard of all who knew her, and
> the warmest love of her intimate connections.
>
> Their grief is in proportion to their affection
> they know their loss to be irreparable,
> but in their deepest affliction they are consoled
> by a firm though humble hope that her charity,
> devotion, faith and purity, have rendered
> her soul acceptable in the sight of her
> REDEEMER.

Grabplatte Jane Austens in der Kathedrale von Winchester. James Austen verfaßte den Text und hob die menschlichen und christlichen Tugenden seiner Schwester hervor, unterließ jedoch jeden Hinweis auf die Schriftstellerin Jane Austen.

schließlich ein, daß Wickham ihrer Liebe nie würdig war. Die Pein von Elizas kritischer Selbsterkenntnis schildert die Autorin auf lebhafteste Weise: »Sie schämte sich ihrer selbst zutiefst. Weder an Darcy noch an Wickham konnte sie denken, ohne sich blind, engherzig, voreingenommen und töricht zu finden. ... ›Wäre ich verliebt gewesen, hätte ich nicht blinder sein können. Aber mein Fehler entsprang der Eitelkeit, nicht der Liebe. Weil mich der eine auszeichnete, und der andere nicht genug beachtete, habe ich vom ersten Sehen an Vorurteil und Ungewißheit gefördert und alle Vernunft in den Wind geschlagen. Bis zu diesem Augenblick habe ich mich nie selbst erkannt.‹« Auch Emma Woodhouse ist nicht in einen Mann von Statur, sondern allein in das Gefühl des Verliebtseins verliebt – und als passender Kandidat, um sich in Liebe fallen zu lassen, wie die Engländer es so sinnfällig ausdrücken, erscheint der entspannte Frank Churchill, der in Wahrheit längst heimlich einer anderen versprochen ist. Und wieder ist der Schock über die Erkenntnis schmerzlich, und wieder entlarvt er weniger die Mängel des Kandidaten als die der Heldin: »Sie war ungeheuer wütend auf sich. Wenn sie nicht auch auf Frank Churchill hätte wütend sein können, wäre es nicht auszuhalten gewesen.«

Anne Elliot wird zunächst auf bittere Weise um die beiderseits gewünschte und ja sogar wünschenswerte Verbindung mit Captain Wentworth gebracht, da ihr Vater ihn ihr als Mann untersagt. Außer im letzten Fall jedoch wäre keine dieser mutwillig und in jugendlichem

Anne Hathaway als Jane Austen in dem Film Geliebte Jane *(2007)*

Überschwang eingegangenen Verbindungen glücklich gewesen – nicht einmal die von Elizabeth Bennet und Mr. Darcy, wenn sie im ersten Anlauf Erfolg gehabt hätte. Gefühle müssen ihre Stärke und ihre Ausdauer bei dieser Autorin erst gegen manche Widerstände unter Beweis gestellt haben, bevor man sein Leben auf sie setzen kann. Wenn also Jane Austen im Film auf die große Liebe verzichtet, so handelt sie damit heroischer als all ihre Heldinnen zusammen, denen stets ein gnädiges Schicksal in den Arm fällt. Jane jedoch, so läßt uns der Film glauben, wäre glücklich geworden an der Seite von Tom Lefroy: Er war gebildet – eine unersetzliche Requisite für alle attraktiven Männer, wie sie fand –, gutaussehend, stammte aus einer guten Familie und legte offenbar – siehe *Tom Jones* – nicht jenen intellektuellen Dünkel an den Tag, der zu jener Zeit im Umgang zwischen Männern und Frauen gang und gäbe war. So schlägt sie den Antrag des betuchten und überdies anständigen Mr. Wisely aus: Hat sie doch zu diesem Zeitpunkt ihre Zuneigung zu Tom Lefroy bereits gelehrt, daß die ideale Verbindung aus der richtigen Mischung zwischen Absicherung und Herzklopfen besteht, und so hat ein Anwärter, der ihr Respekt und Einkommen, aber keine Liebe bietet, keine Aussichten auf ihre Hand. Der Stolz, mit dem sie auch später, als ihr die Auswegslosigkeit der eigenen Situation nur zu bewußt ist, dieses Eheangebot ausschlägt, findet sich in ihren Figuren ebenfalls allenthalben wieder: Almosen hatten Jane Austen und ihre Heldinnen nie nötig.

Mit anderen Worten: Hätte Jane Austen Glück in der Liebe gehabt, wäre aus ihr keine so grandiose Schriftstellerin geworden. Was ihr im Leben versagt blieb, kompensierte sie in der Literatur: Zugegebenermaßen keine besonders originelle oder gänzlich neue Schlußfolgerung, aber eine glaubwürdige und wahrscheinliche. Als Ehefrau wäre Jane Austen wesentlich mit dem Nachwuchs und der Kindererziehung konfrontiert gewesen, ganz zu schweigen von Haushaltsfragen – lauter Beschäftigungen, die sie im Schoß ihrer Familie nicht oder nur in geringem Umfang zu bewältigen hatte. So mag man auch die im Film geschilderte Begegnung Janes mit der gefeierten Autorin Ann Radcliffe als warnenden Hinweis davor verstehen, das Dasein als Schriftstellerin in jener Zeit zu glorifizieren: Ob die Ehe von Jane mit Tom Lefroy ihrer konstanten geistigen Beschäftigung standgehalten hätte, scheint zumindest fraglich. Es scheint vielmehr ein klassischer Fall von entweder – oder zu sein: entweder Schriftstellerin oder Ehefrau.

Glücklicherweise verklärt das Drehbuch von Kevin Hood Jane Austen aber auch nicht zur Feministin *avant la lettre*: Bei allem Selbstbewußtsein war sie keineswegs eine Revoluzzerin gegen die Gesellschaft, über die zu mokieren sich bekanntlich nur derjenige traut, der längst außerhalb steht. Im Gegenteil: Statt sich über oder gegen die Gesellschaft zu stellen, bildet diese nicht nur den Rahmen ihrer Romane, sondern ist zentraler Bestandteil. Immer wieder ist die Frage gestellt worden, warum Austen die politischen Ereignisse ihrer Zeit

Familienporträt der Austens (von links nach rechts): Janes Mutter Cassandra (Julie Walters), Eliza de Feuillide, Janes Cousine und spätere Schwägerin (Lucy Cohu), Janes Vater, Rev. George Austen (James Cromwell), Jane Austen (Anne Hathaway), Janes Schwester Cassandra (Anna Maxwell Martin), Rev. Thomas Fowle, Cassandras Verlobter (Tom Vaughan-Lawlor)

nicht stärker in ihre Bücher hat einfließen lassen – die Napoleonischen Kriege etwa, mit denen all die Offiziere und Marinekapitäne, die da immer wieder auftauchen, tagsüber beschäftigt waren, werden mit keinem Wort erwähnt. Die Antwort dürfte eher in der Tatsache zu finden sein, daß die Machenschaften der politischen Sphäre sie deutlich weniger interessierten als die sozialen Mechanismen und Versuchsanordnungen, bei denen außerdem weitaus größere Konstanz angenommen werden darf. Auch da hält es der Film wie Austen selbst: Die gesellschaftlichen Zirkel, in denen die Familie verkehrt, sind wichtig; die äußeren Ereignisse jener Zeit, wie Napoleons Einmarsch in Italien, werden mit keinem Wort erwähnt – außer jenes bedauernswerten französischen Aristokraten, mit dem Janes Kusine Eliza eine Versorgungsehe geführt hatte, bis daß die Guillotine sie schied und sie nach England zurückkehrte.

***

So sehr man sich auch über den anhaltenden, ja immer noch wachsenden Erfolg von Jane Austen freuen mag – die Frage bleibt, wie aus einer zu Lebzeiten, also zwischen 1775 und 1817, so wenig bekannten Autorin, die ihre Bücher anonym veröffentlichte, eine der populärsten Schriftstellerinnen der Welt werden konnte?
In Großbritannien sind unlängst wieder einmal Neuausgaben der sechs Hauptwerke Austens herausgekommen. Alle tragen die für eine weibliche Leserschaft vielversprechende Gattungsbezeichnung »A classic ro-

Maggie Smith in der Rolle der einflußreichen Lady Gresham

mance« und sind versehen mit bunten, mädchenhaft verschnörkelten Titelblättern, die einen eher wie leicht konsumierbare Schmachtfetzen anlachen denn wie ehrwürdige literarische Klassiker. Die Botschaft indes ist eindeutig: Würde Jane Austen heute schreiben, würde sie alle Spitzenhäubchen, Empirekleider und Billets-doux sofort gegen Lockenstab, Minirock und E-Mail eintauschen. Anne Elliot würde zum Speed-Dating geschickt, um sich von ihrem gebrochenen Herzen zu erholen; Emma Woodhouse würde im Internet kuppeln, was das Zeug hält, und dabei den attraktiven Hausnachbarn vor ihrer Nase glatt übersehen. Und Elizabeth Bennet würde es ähnlich ergehen wie ihrer modernen Nachfahrin, der chaotischen Roman- und Filmheldin Bridget Jones: Sie würde den Richtigen so lange und so heftig mit spitzen Bemerkungen traktieren und in selbstherrlicher Rechthaberei ignorieren, bis dieser sie endlich mundtot küßt. Abschreckende akademische Einleitungen, Nachworte oder gar Fußnoten sind in den neuen Austen-Taschenbuchausgaben ohnedies nicht zu finden; schließlich müssen sie noch im Buchregal des Supermarkts gegen Thriller- und Fantasy-Bestseller wie den *Da Vinci Code* oder eben *Harry Potter* bestehen.

Ganz wie die jungen Frauen, die sie ansprechen wollen, sehen die Neuausgaben der Dauerbrenner hübsch und flott aus, keine Frage. Dennoch mag man sich fragen, wie aus der früheren Jane Austen, die im Ruf stand, bei aller Spritzigkeit der Konversation in gesellschaftlichen Fragen spröde bis konservativ und in erotischer Hin-

Cassandra Austen (Anna Maxwell Martin), Janes ältere Schwester und engste Vertraute

sicht nachgerade zimperlich zu sein, eine Ikone der modernen Frauenliteratur werden konnte.

In ihrer Heimat kann Jane Austen es an Popularität längst mit Shakespeare und Dickens aufnehmen. Die Ausschlachtungsmöglichkeiten von Romanen wie *Verstand und Gefühl*, *Mansfield Park* oder *Emma* scheinen unendlich. So verdankte sich der Reiz von *Bridget Jones* nicht zuletzt dem Gegenspiel zwischen dem vermeintlich arroganten, aber letztlich edlen Mr. Darcy und dem an den oberflächlichen Charmeur Frank Churchill erinnernden Taugenichts Daniel Cleaver; *Pride and Prejudice* (*Stolz und Vorurteil*) wird in schöner Regelmäßigkeit neu verfilmt, und die Austenmanie inspirierte selbst Bollywood zur Musicalparodie *Bride and Prejudice* (*Liebe lieber indisch*).

Auch moderne Buchautoren wissen Austens Anziehungskraft für sich zu nutzen. Jüngst hat Gill Hornby, die Frau des Romanciers Robert Harris, eine Austen-Biographie für Kinder herausgebracht, in der sie die Ausgeglichenheit und Bescheidenheit des Genies betont (*The Girl with the Magic Pen*), während eine andere Veröffentlichung eher auf Leserinnen im heiratsfähigen, also klassischen Austen-Alter abzielt: *Ein Date mit Mr. Darcy – Mit Jane Austen den Mann fürs Leben finden* von Lauren Henderson. Darin soll sich das weibliche Wesen auf der Suche nach Mr. Right zunächst selbst dem Typ nach einordnen – eher lebhaft und liebenswert widerspenstig wie Lizzie Bennet, schüchtern, doch unbestechlich wie Fanny Price, besserwisserisch

Ankunft von Janes Lieblingsbruder Henry (Joe Anderson)

und dominant wie Emma Woodhouse? –, um sich dann mit literarisch verbürgten Lektionen (»Urteile nicht voreilig«; »Verfalle nicht dem Flirt«; »Vertraue deinem Instinkt«) im kosmopolitischen Großstadtdschungel des einundzwanzigsten Jahrhunderts mindestens so erfolgreich auf die Suche nach dem Gefährten fürs Leben zu machen wie einst ihre Vorläuferinnen auf den zugigen, feuchten Landsitzen Englands.

Allein schon aufgrund ihrer immensen Popularität scheint Jane Austen ein klarer Fall zu sein, so daß man sich nicht vorstellen kann, sie mißzuverstehen oder ihr gar unrecht zu tun. Das tut man auch nicht, indem man ihre Bücher als Variationen des ewigen romantischen Kreislaufs liest: Mädchen trifft Junge, sie verlieben sich, müssen Hindernisse überwinden – und kriegen sich am Ende schließlich doch. Es ist nur so, daß wir sie heute ohne Not einfacher, geradliniger und eindeutiger lesen, als sie ist. Damit tut man weniger der Autorin als sich selbst einen Tort an. Die neuen Verfilmungen ihrer Bücher und insbesondere das Biopic *Geliebte Jane* illustrieren das veränderte Austen-Verständnis sehr gut. Sie zeigen aber auch, welche massive Anziehungskraft der Autorin heute zugestanden wird.

Das war beileibe nicht immer so. Als Jane Austen im Juli 1817 in der Kathedrale von Winchester beigesetzt wurde, widmete man ihre Grabplatte lediglich der »jüngsten Tochter des verstorbenen Rev. George Austen«. Zwar verzeichnet sie die »außergewöhnliche Begabung des Geistes« der Verstorbenen, doch fehlt jegliche Erwäh-

Englischer Zeitvertreib: Beim Cricketspiel

nung, daß hier die Verfasserin von Büchern wie *Emma*, *Mansfield Park*, *Stolz und Vorurteil* oder *Die Abtei von Northanger* begraben liegt. Anders als Schriftsteller wie Fanny Burney oder Sir Walter Scott war Jane Austen keine Berühmtheit des Regency gewesen; zu ihren Lebzeiten waren all ihre Werke ohne Namensnennung der Autorin erschienen, ja, sie war sogar bemüht darum gewesen, ihre Identität geheimzuhalten – obwohl sie sich ihrer außergewöhnlichen Fähigkeiten durchaus bewußt gewesen sein dürfte. Auch noch in den ersten Jahrzehnten nach ihrem Tod waren ihre Bücher wenig gefragt.

In der zweiten Hälfte des neunzehnten Jahrhunderts jedoch erkundigten sich mehr und mehr Besucher in Winchester nach dem Grab von Jane Austen. Grund dafür war eine Art von Biographie, die ihr Neffe verfaßt hatte, ein liebevolles Porträt der verstorbenen Literaturtante, für das er Reminiszenzen von Familienangehörigen und Bekannten heranzog. *A Memoir of Jane Austen* war nicht anspruchsvoll, doch hatte das Buch eine überraschend breite Wirkung. Jane Austens Werke hatten stets eine ausgesuchte, doch kleine Leserschaft gehabt. Zu ihren Lebzeiten gehörten bedeutende Schriftsteller wie Sheridan und Southey dazu, Byrons Frau Annabella Milbanke empfahl sie, und sogar der Prinzregent las Austen, die ihm – nach großzügiger Erlaubnis – sogar *Emma* widmen durfte bzw. mußte. Aber das alles bedeutete nicht viel in einer Epoche, die mit Dickens und Thackeray, den Brontë-Schwestern, Eliza-

Jane Austen und Eliza de Feuillide (Lucy Cohu)

beth Gaskell und Anthony Trollope überreich war an so bedeutenden wie beliebten Autoren. Doch der Erfolg von *A Memoir of Jane Austen*, das Rev. J.E. Austen-Leigh 1870 herausbrachte, bei der viktorianischen Leserschaft war beträchtlich. Als 1885 das Großprojekt *Dictionary of National Biography* in Angriff genommen wurde, stand dort, Jane Austen habe die »ans Fanatische grenzende Bewunderung von zahllosen Lesern« errungen, und in der Folgezeit wurde aus der jüngferlichen Pfarrerstochter, die einst gefürchtet hatte, von ihren Zeitgenossen als ein »wildes Tier« abgestempelt zu werden, eine so bekannte wie beliebte englische Schriftstellerin.

Schuld an dem langen Dornröschenschlaf war die Familie gewesen, allen voran Janes geliebte Schwester Cassandra. Diese gab sich nach dem frühen Tod Janes 1817 – sie starb im Alter von 41 Jahren an der damals unheilbaren Addison-Krankheit – Mühe, die kleine Schwester in anderem Licht erscheinen zu lassen. Wie Cassandra selbst zugab, zensierte sie viele der Briefe, strich große Passagen heraus oder vernichtete sie ganz, zumal, wenn die darin vorkommenden Themen privater Natur waren. Zwar existieren noch Hunderte von Briefen Jane Austens, denen sich entnehmen läßt, was für eine begeisterte, lebhafte Korrespondentin sie war. Aber die emotional prägenden Geschehnisse ihres kurzen Lebens lassen sich nicht eindeutig rekonstruieren – wie eben auch ihre Verbindung zu Tom Lefroy. Kurzum: So kam es, daß sie der Nachwelt weniger als Figur des Regency denn als Viktorianerin vermittelt wurde:

von gefälliger, braver Natur, gesellschaftlich so angesehen wie angepaßt. All das war Jane Austen nicht, und nachdem erste Biographen wie Elizabeth Jenkins und Lord David Cecil dieser Darstellung noch auf den Leim gegangen waren, wissen wir heute dank Claire Tomalin, Carol Shields und Elisabeth Maletzke, daß Jane Austen wilder, unkonventioneller und aufmüpfiger war, als ihre Familie glauben machen wollte.

Immer wieder haben Literaturwissenschaftler und Biographen in den einander so zugetanen wie charakterlich höchst unterschiedlichen Dashwood-Schwestern Porträts von Cassandra (Elinor) und Jane (Marianne) gesehen, und ein solches Bild zeichnet auch der Film: Jane Austen erscheint als bis zum Übermut temperamentvolle und willensstarke junge Frau, begeisterungsfähig, schwärmerisch, eigensinnig und nie um eine geistreiche Replik verlegen, selbstbewußt und mit ihren noch etwas pathetischen, übergewichtigen ersten Gehversuchen als Schriftstellerin ein wenig zur Selbstdarstellung und -verliebtheit neigend. Jane Austen, durchaus fähig zur Selbsterkenntnis und -kritik, schildert die in ihrer Verliebtheit geradezu enthemmte wie auch sonst restlos begeisterungsfähige Marianne mit einer gehörigen Portion Selbstironie: »Um sie in ein Gespräch zu verwickeln, brauchte man nur eine ihrer Lieblingsbeschäftigungen zu erwähnen. Sie konnte nicht stumm dasitzen, wenn solche Themen angeschnitten wurden, und äußerte sich dazu ohne Scheu und Zurückhaltung ... War Willoughby anwesend, hatte sie nur noch Augen

Eliza de Feuillide und Henry Austen (Joe Anderson)

für ihn. Alles, was er tat, war richtig, alles, was er sagte, klug. Bildete Tanz das abendliche Vergnügen, so tanzten sie die Hälfte der Zeit nur miteinander, und wenn sie sich für ein paar Tänze trennen mußten, waren sie darauf bedacht, nebeneinander zu stehen zu kommen, und sprachen mit anderen kaum ein Wort.« Daß Marianne am Ende von *Verstand und Gefühl* schließlich in dem zunächst von ihr arrogant verschmähten Oberst Brandon einen so charaktervollen und wie sie hingebungsvoll liebenden Partner findet, mag man als Jane Austens Trost ansehen: Wo die Wirklichkeit schon keinen solchen Göttergatten für sie bereithielt, und ihre Schwester ihren in der Karibik an Gelbfieber gestorbenen Verlobten beweinen mußte, ließ sich wenigstens im Roman Ausgleich für die Ungerechtigkeit der Welt schaffen. *Corriger la fortune* – diese verheißungsvolle Möglichkeit schwingt in allen Büchern Austens mit. Und auch wenn sie selbst ebenso wie Cassandra unverheiratet bleiben sollte, so brachte sie es doch im Nachdenken über Verliebtheit, Liebe und Ehe zu einer solchen Meisterschaft, daß ihr Rat bis heute gefragt ist. Nicht umsonst war Jane Austen denn auch eine von ihren Nichten und Neffen in Fragen der Literatur und der Gefühle immer wieder bestürmte Tante; die Briefwechsel, die dies bezeugen, gehören zu den interessantesten Auskünften der insgesamt eher spärlichen Austenschen Selbstzeugnisse.

***

Hin- und hergerissen: Jane auf einem Ball mit Tom Lefroy (links: James McAvoy) und Lady Greshams Neffen, Mr. Wiseley (rechts: Laurence Fox)

In Abwandlung des berühmten ersten Satzes von *Stolz und Vorurteil* ließe sich feststellen: Es ist eine allgemein anerkannte Wahrheit, daß ein Leser im Besitz eines noch so kleinen Vermögens nichts dringender bedarf als geschickter Vermarktungsstrategien seiner Lieblingslektüren. Wenngleich Jane Austen, vom Dichter W. H. Auden erfolglos als »alte englische Jungfer der Mittelklasse« beschimpft, in ihrer Heimat nie ganz außer Mode war, beweist sich die Wahrheit dieses Satzes gegenwärtig mehr denn je: Austen, wohin man schaut und hört. Noch war die BBC-Verfilmung von *Stolz und Vorurteil* (1995) mit Colin Firth als Mr. Darcy in bester Erinnerung, da sorgte Joe Wrights Neuverfilmung des Klassikers mit Keira Knightley und Matthew MacFayden in den Hauptrollen 2005 nicht nur in englischen Kinos für Besucherströme. Während die BBC inzwischen auch *Die Abtei von Northanger* und *Mansfield Park* neu auf die Mattscheibe gebracht hat, ist man in Hollywood endlich auf die naheliegende, doch bisher sträflich übersehene Idee gekommen, sich mit dem Liebesleben der Autorin selbst zu befassen: *Geliebte Jane* erzählt die mit Sicherheit wichtigste und vielleicht einzige Romanze, die Jane Austen jenseits der Manuskriptseiten selbst erlebte.

Die wundersame Wandlung der Jane Austen begann wie alle postmodernen Karrieren jenseits der Literatur: in Film und Fernsehen. Im Jahr 1995 machte sich der ansehnliche Schauspieler Colin Firth in der BBC-Adaption von *Stolz und Vorurteil* sein Hemd naß – und aus dem

Jane und Tom Lefroy: Flirt über Büchern

verschlafenen Chawton Cottage, dem letzten Wohnsitz der Austen, wo sie bei Öllampenschein und an einem wackeligen Tischchen in einem Durchgangszimmer emsig geschrieben hatte, wurde ein Rummelplatz. Es folgte der Bestseller *Bridget Jones's Diary*, in dem eine Singlefrau von Mr. Darcy träumt, wie ihn die BBC-Verfilmung vorgeführt hatte, und sich nach dem Durchwaten zahlreicher Fettnäpfchen in einen äußerlich arrogant wirkenden, doch innerlich hochnoblen Mann namens, jawohl, Mark Darcy verliebt. Und als Colin Firth dann in der Verfilmung von *Bridget Jones* auch noch den Mark Darcy spielte, gab es kein Halten mehr: Die BBC-Version von *Stolz und Vorurteil*, beflügelt von *Bridget Jones*, machte den Weg frei für eine regelrechte Austen-Manie, aus der sich bis heute weidlich Kapital schlagen läßt. Fast all ihre Bücher wurden seither, zum Teil bereits mehrfach, für Kino und Fernsehen neu verfilmt, ganz zu schweigen von den zahlreichen Filmen, die sich für ihre Handlung von Jane Austen inspirieren ließen und die Geschichten in die Moderne verpflanzten, von *Jane Austen in Manhatten* über *Metropolitan* bis hin zu *Clueless*. Einzig Shakespeare kann wohl für sich in Anspruch nehmen, ähnlich oft und dreist geplündert worden zu sein. Mehrfach wurde *Stolz und Vorurteil* inzwischen zum Lieblingsbuch der Briten gewählt, mal vor oder nach Tolkiens *Herr der Ringe*, wenngleich anzunehmen ist, daß in beiden Fällen mehr Menschen die Filme gesehen als tatsächlich das Buch gelesen haben. Die immense Beliebtheit von *Stolz und Vorurteil* indes hat, so

Jane und Cassandra: Austausch von Geheimnissen

scheint es, wenig mit Jane Austen, aber um so mehr mit unserer Gegenwart zu tun: Der Roman hat mit seiner medial generierten Zugänglichkeit die Hemmschwelle der »großen Kunst« verlassen, er steht in erster Linie für ein Lebensgefühl statt für ein Literaturerlebnis. Er ist die ideale Lektüre in einer Zeit, da die Menschen zu Horden Buchclubs beitreten und sich eher in dem Café eines Buchkaufhauses zur Lektüre bewegen lassen als im stillen Kämmerlein daheim. Nicht die Literatur, aber die Lesegewohnheiten haben sich verändert. Haben die Leute, die verkünden, *Stolz und Vorurteil* sei ihr Lieblingsbuch, es tatsächlich gelesen, oder lieben sie einfach nur ihre Vorstellung davon? Und wenn sie es lieben, lieben sie es um seiner selbst willen, oder gefallen sie sich einfach als die Sorte von Person, die Jane Austen liest und liebt? Schließlich spricht nichts gegen, sondern alles für *Stolz und Vorurteil*: Wer diesen Roman liest, mag sich im Gefühl sonnen, ähnlich klug, witzig, charmant und bei aller Selbstgerechtigkeit noch auf tiefgründige, charaktervolle Weise liebenswürdig zu sein wie die Heldin Elizabeth Bennet oder von einem neidisch-borniertem Umfeld ähnlich verkannt wie Mr. Darcy. Und wenn letzteres der Fall wäre: Wer könnte es dem Leser verübeln? Diese veränderte Wahrnehmung hat Austen seit den neunziger Jahren auch über Gebühr zu einer Schriftstellerin für Frauen gemacht. Das Anpreisen von Jane Austen als Inbegriff der romantischen Autorin ließ sie zwar noch populärer als je zuvor werden, doch verhindert dieses Image zugleich, daß die Leserscharen

die wahre Jane Austen erkennen und schätzen – in typischer Manier der Moderne spiegeln wir uns in ihr und sehen letztlich nur uns selbst und unser Wunschbild.
Elizabeth Bennet erscheint so als Verkörperung eines Ideals in zeitgemäßer Verpackung, ganz nach dem Motto: Jede Frau kann jeden Mann kriegen, solange sie es sich nur zutraut und sich von ihren unbestreitbaren Schwächen und Fehlern nicht verunsichern läßt. So erobert das sympathische Trampel Bridget Jones unversehens Mark Darcy, und die unbeholfene Tealady Natalie im Film *Liebe usw.* den britischen Premierminister. Dabei ist Eliza Bennet keineswegs auf so unverdorbene Weise perfekt, wie wir gerne glauben möchten: Im Buch sagt sie ganz deutlich, daß sie wohl in dem Augenblick begann Mr. Darcy zu lieben, als sie zum ersten Mal seinen weitläufigen Landsitz Pemberley erblickte. Mit anderen Worten: Nicht nur der gute Charakter und die edle Nase, auch materielle Sicherheiten zählen. So wird auch verständlich, warum der große Misanthrop Kingsley Amis 1946 in einem Brief an den Schriftstellerkollegen Philip Larkin schrieb, er habe gerade *Stolz und Vorurteil* ausgelesen und fände es für »im Großen und Ganzen ziemlich garstig«. Mit diesem Urteil war er dem Geist Austens näher als all die Milchkaffee schlürfenden Leserinnen von heute, die sentimental werden möchten über der Geschichte von Lizzie und Darcy, als handle es sich um eine aktuelle Version von *Aschenputtel*. Jane Austens konservative Ansichten, ihre unerbittlichen charakterlichen Urteile und ihr pragmatischer

Zynismus bleiben bei der weichgespülten modernen Lesart oftmals auf der Strecke. Die Filme vereinfachen die komplexen Gründe, die Menschen dazu bringen, sich vermeintlich gut oder durchtrieben zu betragen, sich der Konvention zu beugen oder sie bewußt zu mißachten, sich für- oder gegeneinander zu entscheiden. Letztlich, scheinen sie zu sagen, kommt es doch nur auf die gegenseitige Anziehung, eben die richtige Chemie an.

So erfreulich diese Umarmungsstrategie auch für das Wachstum der Lesergemeinde sein mag, bekräftigt sie doch auch Jane Austens Ruf, Verfasserin zwar nicht unanspruchsvoller, aber eben doch leichtfüßiger Romanzen zu sein. Hauptwerke der Weltliteratur des neunzehnten Jahrhunderts wie *Effi Briest* oder *Madame Bovary* nehmen sich daneben wie französischer Rotwein und Gänseleberpastete aus, wo jeder Schluck und jeder Happen bedeutungs- und kalorienschwer auf der Zunge liegen; Jane Austen ist, um im Bild zu bleiben, daneben wie ein englischer Pimms-Cocktail mit Gurkensandwich oder wie Champagner: perlend bis überschäumend, ein bißchen verquasselt und schnell beschwipst. Weiblich eben. Was männliche Leser jedoch mit ihrem Los versöhnen mag: Wenn das andere Geschlecht bei Jane Austen etwas taugt, dann sind seine Vertreter anbetungswürdiger als jede Frau, und selbst den entzükkendsten, hellsten Mädchen noch weit an Charakterstärke, Durchblick und Geistesgegenwart überlegen.

***

Parkspaziergang

Um den Rang und den andauernden Reiz dieser Autorin verständlich zu machen, sollte man sie nicht mit Autoren wie Charles Dickens, Gustave Flaubert oder Theodor Fontane vergleichen, sondern sie vielmehr anderen Schriftstellerinnen ihrer Epoche gegenüberstellen, wie beispielsweise Madame de Staël, die im selben Jahr starb wie sie, Mary Shelley, George Sand, Elizabeth Gaskell oder George Eliot in der darauffolgenden Generation. Die Mehrzahl der schreibenden Frauen im England und Frankreich des neunzehnten Jahrhunderts veröffentlichten unter Pseudonym, damit ihre ungewöhnliche und ungebührliche geistige Aktivität nur ja nicht auf ihre Familien zurückfalle; selbst die Brontë-Schwestern wählten maskulin klingende Künstlernamen. Eine seltene liberale Ausnahme bildete die Familie William Godwins, der in erster Ehe mit Mary Wollstonecraft verheiratet war; die Tochter Mary brannte mit dem Dichter Shelley durch und schuf mit nur achtzehn Jahren *Frankenstein*.

Ganz anders als ihre englische Zeitgenossin, die zeitlebens unter der wenig privilegierten Stellung ihrer Familie litt, war Germaine Necker als einzige Tochter und Erbin des Finanzministers und Großgrundbesitzers Jacques Necker eine blendende Partie. Mit dem schwedischen Botschafter in Paris, Erik de Staël-Holstein, heiratete sie indes einen Mann, den sie weder lieben konnte noch wollte – ein Umstand, den sie durch heftige künstlerische Betätigung zu kompensieren suchte. Madame de Staël verfaßte unter anderem zwei Roma-

ne, *Delphine* (1802), ein langatmiger Briefroman, und *Corinne* (1807), der aufgrund ausufernder Italienbeschreibungen heute ähnlich wenig bekannt ist wie sein Vorläufer. In beiden Werken müssen sich die Heldinnen zwischen Intellekt und Herz entscheiden, woran beide zerbrechen: Delphine vergiftet sich, und Corinne stirbt aus Kummer. Doch nicht allein die tragischen Ausgänge dürften daran schuld sein, daß Madame de Staël eher als Pariser Salonlöwin denn als Autorin von Rang ins Bewußtsein eingegangen ist.

Aurore Dupin, besser bekannt als George Sand, war ebenfalls materiell unabhängig, nachdem sie von ihrer Großmutter Schloß Nohant geerbt hatte. Von den 106 Bänden, die ihr Gesamtwerk ausmachen, vermag heute selbst in Frankreich kaum jemand einen einzigen Titel zu nennen, obwohl sie zu Lebzeiten, ähnlich wie Madame de Staël, hohe Auflagen erzielte. Obwohl Chateaubriand fand, sie sei »prädestiniert, der Byron Frankreichs zu werden«, ist George Sand heute vor allem bekannt für ihre Liebesaffären mit Alfred de Musset und Frédéric Chopin. Nietzsche fand, sie sei eine »schreibende Kuh« gewesen, und Virginia Woolf meinte es auch nicht allzu freundlich, als sie George Sand »Frankreichs Jane Austen« nannte. Das Renommee und die Beliebtheit ihrer englischen Zeitgenossin indes wurde George Sand schon zu Lebzeiten nicht zuteil, geschweige denn danach.

Mary Ann Evans alias George Eliot begann ihre Karriere als Übersetzerin – sie sprach Deutsch, Französisch

und Italienisch – und bewegte sich in literarischen Kreisen. Sie lebte glücklich in wilder Ehe mit George Henry Lewes, litt jedoch darunter, daß ihre Familie sie wegen ihrer Artikel und Bücher verstoßen hatte. Was ihr an familiärer Liebe abging, mußte die große Anerkennung des Publikums wettmachen. Ihr Roman *The Mill on the Floss* wurde das Lieblingsbuch von Königin Victoria; es folgten *Silas Marner, Romola, Felix Holt* und *Middlemarch*. Letzteres brachte ihr nicht nur Ruhm, sondern auch ein kleines Vermögen ein und den Ruf, die eigentliche Nachfolgerin von Dickens zu sein.

Anders als George Eliot oder George Sand hatte Jane Austen zu Lebzeiten keinen großen Erfolg; wie sie überhaupt erst spät und nur dank der Ermunterung und Unterstützung ihrer Familie anonym zu veröffentlichen begann. Doch der größte Unterschied liegt nicht erst in der Rezeption, sondern schon im Entstehungsprozeß. Wo die anderen erwähnten Schriftstellerinnen sich unter Gleichgesinnten in intellektuellen Kreisen tummelten und somit das eigene Werk durch die Linse vielerlei Lektüren und der Erwartungen anderer betrachteten, war Jane Austen eine Autodidaktin, die die Lust an spritzigem, unterhaltsamem Erzählen am heimischen Herdfeuer kennengelernt und von frühster Jugend an in kleinen Theaterstücken und Geschichten erprobt hatte. In ihrer übrigens durchaus akademisch gebildeten und anspruchsvollen Familie hatte sie ein wohlmeinendes, doch keineswegs unkritisches Publi-

kum, das zeitlebens ihren Stil beeinflußte. Sie war Mitglied einer Leihgemeinde von Buchenthusiasten und las, was die Produktion ihrer Tage hergab, von Chaucer, Shakespeare und Johnsons *Dictionary* bis hin zu beliebten Regency-Autoren wie Agnes Maria Bennett oder Fanny Burney. Aber selbst wenn Jane Austen etwa Alexander Pope für seinen *Essay on Man* verehrte, war George Eliot doch in jeder Hinsicht belesener und umfassender gebildet als sie, kannte sich aus in Geschichte, Theologie und Philosophie. Jane Austen hingegen war ihrem Geschlecht und ihrem sozialen Status nach zwar angemessen, jedoch keineswegs hervorragend erzogen und kannte sich eigentlich nur in der Belletristik ihrer Tage richtig gut aus. Sie war keine Intellektuelle, und das merkt man ihren Werken an, wenngleich Unterhaltungen über Bücher und Autoren dort eine fast so wichtige Rolle wie in ihren Briefen spielen; so wie sie sich mit Tom Lefroy lebhaft über Henry Fieldings *Tom Jones* austauschte, prüfen ihre Heldinnen immer wieder die Tauglichkeit der Verehrer, indem sie mit ihnen über Literatur diskutieren – eine Prüfungsform, die in den späteren Romanen noch an Gewichtigkeit zunimmt. Doch Jane Austen war sich der Defizite ihres Lektüreradius durchaus bewußt und fand selbst, daß sie schlecht geeignet sei als Romancière.

Mitte des zwanzigsten Jahrhunderts jedoch überholte der Verkauf von Austens Büchern jenen der ach so klugen, intellektuellen George Eliot, und heute sind die Romane Austens mehr gelesen als selbst die Werke

von Charles Dickens, jedenfalls im englischsprachigen Raum. Ihre Zugänglichkeit erklärt sich möglicherweise auch dadurch, daß Jane Austen niemals für andere Autoren schrieb, sondern stets das allgemeine Publikum im Sinn hatte. Nicht imponieren, unterhalten wollte sie – und die Freude, die sie ganz offensichtlich beim Schreiben empfand, wirkt bis heute ansteckend. Sie war eine glänzende, mit zunehmendem Alter bissige und nachdenkliche Beobachterin menschlicher Verhaltensweisen, Schwächen und Stärken, die sie unbarmherzig aufspießen konnte. Ihre Familie besaß zwar manche Verbindung zum Adel, entstammte aber selbst der Mittelklasse, und dies gab Jane Austen reichlich Gelegenheit, die Manieren der unterschiedlichen Schichten zu beobachten.

Ihre familiäre Situation hatte indes auch Nachteile. Zum einen verfügte sie ihr Leben lang nie über ein eigenes Zimmer, wenngleich ihr Vater ihr zum neunzehnten Geburtstag einen tragbaren Schreibtisch geschenkt hatte, an dem als erstes das – heute zu Recht ziemlich in Vergessenheit geratene – Werk *Lady Susan* entstand. In der Pfarrei von Steventon, wo sie ihre ersten fünfundzwanzig Jahre verbrachte, teilte sie sich das Schlafzimmer und den daran anschließenden kleinen Salon mit Cassandra, doch später, als der Vater zu Janes Entsetzen beschloß, nach Bath zu ziehen, war sie gezwungen, ihre Bücher in einer Ecke des großen Wohnzimmers zu schreiben, wo ein ständiges Kommen und Gehen, Rufen und Reden herrschte. Sie schrieb auf kleinen

Zetteln, die sie jederzeit mit einer Handarbeit oder einem Buch vor unliebsamen Blicken verbergen konnte. Legendär ist ihre Weigerung, die Tür ölen zu lassen: Kündigte das Quietschen doch Besuch an und gab ihr eine Schrecksekunde lang Zeit, ihre Zettelwirtschaft zuzudecken. Die Atmosphäre eines derartigen familiären Großraumbüros, so freundlich sie auch gewesen sein mag, dürfte der Konzentration nicht eben zuträglich gewesen sein. Außerdem wurde ihre Beschäftigung selbst von der Familie nur bedingt ernst genommen; man erwartete von ihr, daß sie ihren Pflichten nachkam, bevor sie sich ans Schreiben machte. Töchter, zumal unverheiratete, hatten der Mutter zur Hand zu gehen, Gäste zu empfangen und Besuche zu erwidern. Janes Schriftstellerei, so unterhaltsam sie auch war, wurde von den Austens stets als Nebensache betrachtet.

Elinor Dashwood sinniert einmal in *Verstand und Gefühl*: »Das schlimmste und am wenigsten wiedergutzumachende aller Übel ist eine lebenslange Verbindung mit einem Mann ohne Prinzipien.« Jane Austen war keine Rebellin, doch durchaus eine Kritikerin des gesellschaftlichen Systems, das von Frauen erwartete, sich in Musik und Stickerei zu üben, anstatt Bildung zu erwerben, so daß die meisten ihr Aussehen und Fertigkeiten notgedrungen für wichtiger hielten als Prinzipien und eine informierte Meinung. Unnötig hinzuzufügen, daß die männlichen Helden in Austens Büchern die Unangepaßtheit und Wißbegier ihrer Angebeteten immens zu schätzen wissen. Aber wir hätten es nicht mit Jane

Austen zu tun, wenn die vorlauten Weibsbilder nicht ihrerseits mal ihr Fett abbekämen: So vertritt Mr. Knightley in *Emma* den heiteren Standpunkt, ehrliche weibliche Ignoranz sei immer noch besser als vorgetäuschte Bildung. Jane Austens Heldinnen sind allesamt intelligent und auch, je nach Temperament und Charakter, daran interessiert, ihr Wissen zu erweitern. Keine von ihnen jedoch ist strebsam. Und: keine ist eine große Schönheit. Elinor aus *Verstand und Gefühl* wird ebenso wie Lizzie in *Stolz und Vorurteil* von einer hübscheren Schwester in den Schatten gestellt, genauso wie Jane selbst von Cassandra. Das tut der gegenseitigen Zuneigung aber keinen Abbruch, so wie Konkurrenz um Aussehen, Kleider und Errungenschaften bei Austen überhaupt nur unter Frauen minderen Charakters besteht.

Die Heldinnen Jane Austens sind wie ihre Schöpferin und wie die meisten Frauen damals und heute: Durchschnitt. Sie entstammen der Mittelschicht, sind hübsch, doch beileibe keine atemberaubenden Schönheiten, und bringen keine außergewöhnlichen Fähigkeiten, Eigenschaften oder Vermögen mit. Die Schlachten, die sie zu schlagen haben, sind jene alltäglichen Schlachten, die es so an sich haben, daß sie sich für jeden, der sie gerade austrägt, anfühlen, als wären sie einzigartig und einmalig. Was Jane Austen und ihre Heldinnen auszeichnet, ist ihr Stolz und ihre beeindruckende Selbstdisziplin, der Stoizismus unterdrückter Tränen, mit dem sie Enttäuschungen verwinden. Denn Rückschläge muß je-

de von ihnen erleben, wenngleich sie im Roman am Ende stets vergessen sind. Der Film *Geliebte Jane* zeigt zwar gerade nicht diese kontrollierte Seite Jane Austens, führt jedoch die Konsequenzen daraus deutlich vor: daß Jane nach der nicht zustande gekommenen Heirat mit ihrem Liebsten allein bleibt, ohne bitter zu werden über den Verlust ihres Liebesglücks, ist eine schlüssige Interpretation ihres Charakters.

In einer Zeit, da die Thesen und Statistiken zum Zusammenleben von Mann und Frau so vielfältig und verwirrend sind wie die Sache selbst, spricht aus Jane Austens Büchern eine klare Stimme, die Verstand und Gefühl unter eine Haube bringen will – zu Austens Lebzeiten, als die Vernunft im allgemeinen den Ton angab, ebensowenig eine Selbstverständlichkeit wie heute, da das Gefühl eine medial unterstützte Monopolstellung in Liebesfragen innehat. Zwar machen all ihre Romane deutlich, daß sie keine Befürworterin reiner Vernunftehen ist – aber ebensowenig propagiert sie überstürzte Liebeshochzeiten, bei denen die Hormone mit den Beteiligten durchgehen. Kein Skandal ist größer als jener, wenn eine junge Frau kompromittiert und so zur Ehe gezwungen wird, wie Lizzie Bennets jüngere Schwester Lydia, die mit dem Filou Oberst Wickham durchbrennt – die gute Elizabeth bangt daraufhin zu Recht um das Ansehen der gesamten Familie. Überhaupt wird die gegenseitige Anziehungskraft nicht durch Umarmungen und Küsse untermauert oder unter Beweis gestellt, sondern die Sexualität wird ausgespart – in den sechs

Zwischen Gefühl und Verstand

Romanen Austens fallen genau sechzehn Küsse, davon keiner unter Liebenden. Unter diesen wird bestenfalls hier und da mal eine Hand gedrückt und festgehalten, aber sogar die sonst durchaus direkte Lizzie Bennet kann Mr. Darcy bei seinem erneuten, und dann auch erwünschten Heiratsantrag nicht in die Augen sehen, sondern senkt verlegen den Blick. Diesbezüglich verlorenen Boden haben Film und Fernsehen inzwischen mehr als gutgemacht.

Jane Austen stellt die Abhängigkeit der Frau in der Ehe nicht in Frage; im Gegenteil sind ihr insbesondere die materiellen Schwierigkeiten, mit denen sich ledig gebliebene Frauen oft konfrontiert sahen, nur allzu bewußt. Sparsamkeit war eine Eigenschaft, zu der sie sich von Kindesbeinen an gezwungen sah – der Stoff für ein neues Kleid war beileibe keine Selbstverständlichkeit, und so mag man ihre Heldinnen als Ersatz, wie Anziehpuppen betrachten, an denen sie nicht nur in Liebesdingen, sondern auch in materieller Hinsicht wiedergutmachte, was ihr selbst das Leben vorenthielt.

Wenn es eine klare Botschaft in den Büchern Jane Austens gibt, so lautet sie: Eine Frau hat nicht nur das Recht, sondern auch die Verpflichtung, sich den Lebenspartner mit Bedacht und Herzensbildung auszusuchen – und falls sich kein geeigneter Kandidat findet, sollte sie lieber resolut allein bleiben, anstatt sich im emotionalen Unglück einer reinen Versorgungsehe einzurichten. Diese Einstellung vertreten alle Frauenfiguren Austens, am vorlautesten Emma Woodhouse, die

sich erst dank des wunderbaren Mr. Knightley – Jane Austens beste Männerfigur – eines Besseren besinnt. So hielt Jane Austen es jedoch auch selbst. Obwohl von einigen Männern wie eben Tom Lefroy durchaus angetan, gibt es keine Anzeichen dafür, daß sich Jane Austen je ernstlich verliebte. Eher schon verfiel sie hin und wieder dem feurigen Hin und Her der Sätze, dem Foppen und Necken, das den Flirt ausmacht. Der einzige Mann, den sie ernsthaft als Gatten in Erwägung gezogen haben soll, war eine Ferienbekanntschaft, die sie um 1800 an der englischen Küste machte, möglicherweise handelte es sich um den jüngeren Bruder des Dichters William Wordsworth. Als sich der Aufenthalt dem Ende zuneigte, erklärte er, Jane wiedersehen zu wollen, und wenigstens Cassandra hegte keinerlei Zweifel an seinen Absichten. Doch er verstarb, noch bevor es zu dem erwünschten Wiedersehen kommen konnte. Da über diese Liebesgeschichte ähnlich wenig bekannt ist wie über jene zwischen Jane Austen und Tom Lefroy, hat man, um Temperament und Verfassung der Schriftstellerin ins Kinoformat zu bringen, gut daran getan, sich an jenen früheren Flirt zu halten, der in der ihr vertrauten Umgebung stattfand. Wahrscheinlich werden wir nie endgültig wissen, ob Tom Lefroy in der schneidigen Gestalt von James McAvoy zu Unrecht als Sweetheart der Autorin in die Gemüter eingehen wird.

In ihrer Mischung aus Pragmatismus, Realpolitik und Sehnsucht nach seelenvoller Partnerschaft war Jane

Austen ihrer Zeit voraus. Zwar waren Liebesehen im frühen neunzehnten Jahrhundert beileibe nicht unbekannt, jedoch keineswegs die Regel. Letztlich gelten die Maximen, die Austen in ihren Büchern ausruft, bis heute – mit dem Unterschied, daß die meisten Ehen heute nicht mehr vom Tod, sondern vom Richter geschieden werden; eine Entwicklung, die Jane Austen, diese Verfechterin von Selbstdisziplin, Durchhaltevermögen und dem stoischen Ertragen von Umständen, die man nicht ändern kann, auf keinen Fall begrüßt hätte. Einen Großteil ihrer Leserinnen in verschiedensten Kulturen der Welt beflügelt bei der Lektüre mit Sicherheit der Wunsch, daß der Kitt aus Gefühl und Kalkül, der zu ihrer Zeit Ehen zusammenhielt, auch heute seinen Dienst nicht versagen möge.

Denn nicht zuletzt ihr ehrlicher Materialismus trägt zu ihrer heutigen Popularität bei – Jane Austen gehört nicht zu denen, die je so tun, als würden allein Liebe und Anstand ein Leben weit tragen; auch ein Landsitz und ein stattliches Jahreseinkommen können einem Herzensanwärter keinesfalls schaden – wenngleich das die meisten Frauen heute kaum zuzugeben wagen. Zu allen Zeiten gehörte zu den Attributen eines echten Mr. Darcy neben der Aufrichtigkeit seiner Gefühle denn auch sein Haus und sein Gehalt.

Der von Männern grundsätzlich gern gehegte Glaube, sie hätten einer Frau nichts Verlockenderes zu bieten als ein Eheangebot, wird von Jane Austen zugleich gründlich demontiert. Ihren Figuren geht Charakter und In-

tegrität über Geld und Status. Fanny Price zieht es in *Mansfield Park* vor, weiter eine Existenz wie Aschenputtel zu führen, anstatt Henry Crawfords Werben nachzugeben und dadurch zu Geld und Privilegien zu kommen. Ob es der abstoßende Mr. Collins ist oder der attraktive Mr. Darcy – beide Herren können sich nicht vorstellen, daß Elizabeth Bennet sie zurückweisen wird. Als sie es tut, reagieren beide mit völligem Unglauben, noch bevor sie verletzte Eitelkeit (Mr. Collins) oder Schmerz über die Absage (Mr. Darcy) empfinden. Jane Austens Heldinnen heiraten nicht aus weltlichen Motiven – auch wenn sie deren Verlockungen keineswegs abhold sind. Hier kommen wir zu einem weiteren wichtigen Grund für Austens anhaltende Beliebtheit. Wo andere Schriftsteller und Filme die Menschen purer, reiner darstellen, als sie sind, ist Austens Grad an idealisierender Beschönigung noch gerade so, daß man selbst hoffen könnte, ihn zu erreichen. Was Lizzie empfindet, als sie Pemberley, Mr. Darcys imposanten Landsitz in Derbyshire, besucht, ist nur zu deutlich: »Und dieses Hauses Herrin hätte ich sein können«, schießt es ihr durch den Kopf, und was das auslöst, macht nicht nur das Buch, sondern machen auch die Verfilmungen nur zu deutlich. Jane Austens Frauenfiguren sind keine Märtyrerinnen und keine Heiligen, sondern höchst eigenständige Persönlichkeiten mit kleinen, sympathischen Schwächen.

Durch die Arbeit an *Elinor and Marian*, das später in überarbeiteter Fassung als *Sense and Sensibility* (Verstand und Gefühl) ihr Debüt darstellte, und *Susan*, erst

Jane und Lady Greshams Neffe, Mr. Wiseley (Laurence Fox)

nach ihrem Tod veröffentlicht als *Die Abtei von Northanger*, lernte sie, was sie am besten konnte. Ihrer Nichte Anna Austen schrieb sie 1814: »Drei oder vier Familien in einem ländlichen Dorf« seien die ideale Ausgangskonstellation für einen Roman. Auch sie selbst hielt sich strikt an das, was sie aus eigener Beobachtung oder persönlichem Erleben kannte. Sie machte es sich zur Regel, niemals ein Ereignis oder eine Konversation zu schildern, die sie nicht erlebt oder gehört hatte, oder nicht zumindest selbst hätte erleben oder hören können. Was die meisten anderen Schriftsteller als künstliche Begrenzung ansehen, war ihr größtes Kapital – und zeigt ganz nebenbei, daß die Austen nur zu gut um ihre Stärken und Schwächen wußte. Daran liegt es auch, daß es weder besondere Grandezza noch Armut in ihren Büchern gibt; auch finden bei ihr nie Gespräche unter Männern allein statt – etwas, das sie per definitionem nicht aus eigener Anschauung kennen konnte.

Betrachtet man ihr Werk und die Umstände seiner Entstehung genau, so läßt sich mit aller Lesebegeisterung und gebührendem Respekt sagen: Jane Austen war eine große Künstlerin, jedoch kein Genie; es gibt nichts Geheimnisvolles in ihrem Werk. Chaucer, Shakespeare, Dickens – sie alle besitzen Aspekte, die unerklärlich bleiben; eine Art Magie, über die Jane Austen nicht verfügte. Es ist vielleicht die Gabe der Imagination, die dieser Autorin letztlich fehlt, die sich über den gesteckten Rahmen ihres Lebens nicht hinausbewegen wollte oder konnte. Jane Austen war keine von inneren Dämo-

Mr. Wiseley hält im Film um Janes Hand an. In Austens Biographie gibt es nur einen einzigen verbürgten Heiratsantrag.

nen getriebene Autorin. Ihre sechs Romane sind das sichtbare Ergebnis eines immensen Talents, geschliffen, überarbeitet und mit viel Mühe, wie sie selbst sagte, zum Glanz gebracht. Ihre ureigene Mischung aus Erfahrung und persönlicher Zurückhaltung, Humor und schnellem Geist produzierte Romane von immenser Lesbarkeit, die ihren Reiz gerade aufgrund ihrer Alltagstauglichkeit bewahrt haben. Es sind Variationen über die Themen, die die Menschen um sie herum und, zu einem gewissen Grad, auch sie selbst beschäftigten.

Austen selbst hielt *Stolz und Vorurteil* für das »brillanteste« und »geistreichste« ihrer Werke, das erfolgreichste ist es auf jeden Fall. Wahrscheinlich schrieb sie, gerade um zu beweisen, daß sie nicht in einem zu engen Milieu steckenbleiben wollte, mit *Mansfield Park* ihren ernstesten Roman. Hier zeigt sie, daß Tugend, wie zerbrechlich und anfällig sie auch sein mag, über Intelligenz zu triumphieren vermag. Die kleine Fanny wird am Schluß Herrin auf Mansfield Park, doch ihre Schöpferin hatte es am Ende des Buches nach eigenem Bekunden satt, Sorgen zu beschreiben. Überhaupt war Jane Austen lieber aufmüpfig als brav; sie sagte einmal, die Schilderung von tugendhaften Eigenschaften mache ihr immer Lust, sich von ihrer teuflischen Seite zu zeigen.

Persuasion, im Deutschen bekannt als *Anne Elliot*, zeigt die Autorin auf der Höhe ihrer Meisterschaft, bereits beeinflußt von der Romantik. Anders als die resoluten Mädchen Lizzie Bennet und Emma Woodhouse ist

Jane mit ihren Eltern Cassandra Austen (geb. Leigh) und Rev. George Austen (Julie Walters und James Cromwell)

Anne eine romantische Heldin, in der sich Pathos und Resignation mischen, die vom Schicksal der alten Jungfer errettet wird – wie Jane Austen damals selbst schon eine war. Zugleich verfügt das Buch über eine emotionale Kraft, die die anderen Werke noch nicht verströmen. Dennoch ist *Emma* dasjenige von Austens Werken, das wiederzulesen den größten Gewinn birgt.

Im angelsächsischen Raum gibt es eine Tendenz, Jane Austen nicht beliebter, aber bedeutender zu machen, endlose Sekundärliteratur nimmt die Charaktere, Dialoge und Handlungsstränge nach verschiedenen Gesichtspunkten auseinander und setzt sie wieder zusammen, nur um Hunderte von Seiten später festzustellen, daß das Erfolgsrezept vielleicht entschlüsselbar, doch seine Wirksamkeit ungebrochen ist: So kommt es, daß man die Romane von Jane Austen aufschlagen kann und sofort gebannt ist von dieser Welt, in der die Stimmen der Frauen drei Oktaven höher als gewöhnlich zu trällern scheinen, die Unterhaltungen spritzig und noch der Klatsch und Tratsch einen Schmelz hat, wie es eben nur in der Kunst und nicht im Leben der Fall ist.

Natürlich sind ihre Bücher voll Leidenschaft. Natürlich verfaßte sie Romanzen. Es wäre absurd, wolle man so tun, als bildeten Lizzie Bennet und Mr. Darcy oder Emma Woodhouse und Mr. Knightley keine romantischen Paarungen. Dennoch ist die Lektüre von Jane Austen, wenn man sie im rechten Geist unternimmt, alles andere als tröstlich. Im Gegenteil: Austens Romane wirken in mancher Hinsicht geradezu erschreckend. Denn

Abschied

ihre Schöpferin gab sich keinerlei Illusionen hin, was die Gesellschaft betraf, die sie so genau unter die Lupe nahm. Ihre Unbestechlichkeit hielt sich mit ihrer wohlwollenden Begeisterungsfähigkeit stets die Waage. Wollte man so brutal ehrlich sein, wie Austen es ist, müßte man über Äußerlichkeiten nachdenken, etwa darüber, daß schönen Menschen die Welt schöner erscheint als unscheinbaren, die von Anfang an begreifen müssen, daß sie in der Liga der Erfolgreichen, Vermögenden nicht mitspielen können. Charlotte Lucas etwa, die enge Freundin Lizzie Bennets, kann sich Kapriolen wie diese nicht erlauben. Sie heiratet den geschwätzigen, aufgeplusterten Mr. Collins, weil sie weiß, daß sie es besser nicht treffen kann. In einer Ehe mit ihm ist sie gut situiert und angesehen; mehr, findet sie, könne man vom Schicksal nicht verlangen. Charlotte Lucas macht sich keine Illusionen, was ihre Chancen angeht, und handelt danach: »Ohne besonders hohe Meinung von den Männern oder der Ehe, hatte ihr Ziel immer einer Heirat gegolten, als der natürlichen Versorgung für wohlerzogene junge Damen mit kleinem Vermögen. Wie unsicher auch das Glück war, das ihrer wartete, es war der angenehmste Notanker, und sie hatte ihn jetzt erreicht.« Eliza Bennet sieht die Situation gänzlich anders: »Charlotte als Frau von Mr. Collins – welch demütigendes Bild! Eine Freundin, die sich so erniedrigte, mußte in ihrer Achtung sinken, und dieser Schlag wurde noch durch die Überzeugung verstärkt, daß Charlotte in dem selbstgewählten Los auch nicht annähernd

Jane Austen bei einer Lesung aus ihren Werken

glücklich werden konnte.« Hier, im Unterschied zwischen Zufriedenheit und Glück, manifestieren sich die unterschiedlichen Ansprüche, die Menschen stellen zu dürfen glauben. Charlotte steht in *Stolz und Vorurteil* für die rational bestimmte Realität; Lizzie Bennets märchenhafte Verbindung mit Mr. Darcy für den ideellen Triumph von Hoffnung über Erfahrung.

Immer wieder und keineswegs sanft erinnert uns Jane Austen an die kühle Wirklichkeit. Anne Elliot muß verzweifelt den kalkulierten Flirt ihres geliebten Oberst Wentworth mit Louisa Musgrave, einer guten Partie, mit ansehen; Marianne Dashwood bringen ihre hoffnungslosen Liebesträume in *Verstand und Gefühl* an den Rand des Wahnsinns. Immer wieder gibt es in den Büchern größere und kleinere Zwischenfälle, in denen sich Jane Austen als erfahrene, illusionslose Frau zu erkennen gibt, deren Erkenntnisse kaum ausschließlich abstrakter Natur gewesen sein dürften. Jane Austen ist eine einfühlsame Ratgeberin, doch keine, die den Weg des geringsten Widerstands empfiehlt nach dem Motto: »Geh, wohin dein Herz dich trägt.« Während Jane Austen auf dem Gipfel ihrer weltweiten Popularität ist, wird ihre literarische Botschaft in den Tälern immer weniger vernommen. Eines ist gewiß: Die Ironie dieser Situation hätte sie amüsiert. Und sie hätte einen großartigen Roman über Menschen geschrieben, die in Büchern nur das finden, was sie sehen wollen, und sich so aus den falschen Gründen in die richtige Autorin verlieben.

Abbildungsnachweis

Die Farbabbildungen stammen aus dem Film *Becoming Jane* (2007; deutscher Titel: *Geliebte Jane*), unter der Regie von Julian Jarrold. Abdruck der Szenenfotos mit freundlicher Genehmigung der Concorde Film, München 2007.

Jane Austen Memorial Trust, Chawton: S. 11, 19; Bridgeman Art Library, London: S. 13 rechts; British Museum, London: S. 25; National Portrait Gallery, London: S. 13 links., 23; Universitätsbibliothek, Frankfurt am Main: S. 21; Victoria and Albert Museum, London: S. 17. Alle übrigen Abbildungen stammen aus dem Archiv des Insel Verlags, Frankfurt am Main.